Viajes low cost: cómo viajar barato, pero con estilo

LUCIANA FERROTI

DEDICATORIA

A mi vieja que desde muy chiquita me inculcó el amor por los viajes cuando no existía ni internet ni gps. A mi viejo que manejó por todas las rutas argentinas y levantó valijas antes de que tuvieran rueditas.

CONTENIDO

1 Introducción a los viajes low cost. 1

2 Cómo planificar tu viaje. 3

3 Ahorrar en vuelos. 7

4 Encontrar alojamiento barato. 18

5 Cómo ahorrar en comida y bebida. 25

6 Transporte económico en los destinos. 28

7 actividades gratuitas o de bajo costo. 31

8 Consejos para evitar gastos innecesarios. 33

9 Estafas para turistas. 35

10 Cómo mantener el estilo durante los viajes de bajo presupuesto. 39

ACERCA de la autora 41

[IV]

1 Introducción a los viajes low cost.

En los últimos años, viajar se ha vuelto cada vez más común y accesible para una amplia gama de personas. Ya no es necesario gastar grandes cantidades de dinero para disfrutar de unas vacaciones en el extranjero o explorar nuevos destinos. Con un poco de planificación y habilidades de investigación, es posible viajar de manera económica y aún así disfrutar de una experiencia enriquecedora y llena de estilo.

Este libro está destinado a aquellos que desean explorar el mundo sin romper el presupuesto. A lo largo de sus páginas, presentaremos consejos y técnicas para planificar y disfrutar de viajes low cost de manera eficiente y creativa. Desde cómo encontrar vuelos baratos y alojamiento asequible, hasta cómo ahorrar en comida y transporte en cada uno de los destinos, cubriremos todo lo que necesitas saber para disfrutar de unas vacaciones sin preocupaciones.

Además, también exploraremos cómo mantener el estilo durante un viaje low cost, ya sea a través de elecciones inteligentes en cuanto a alojamiento y comida, o incluso en la forma en que te vestís y te comportás en el destino.

En definitiva, este libro es una guía completa para aquellos que quieren viajar con estilo sin tener que gastar una fortuna. Preparate para descubrir cómo podés ver el mundo, conocer nuevas culturas y hacer nuevos amigos sin tener que sacrificar tus finanzas. ¡Comencemos nuestro viaje juntos!

2 Cómo planificar tu viaje.

La planificación es la clave para un viaje low cost exitoso. Si bien puede ser tentador simplemente comprar un billete de avión y ver qué sucede, esta estrategia a menudo termina generando en gastos innecesarios y desafíos inesperados. En cambio, una buena planificación te permitirá ahorrar dinero en cada aspecto de tu viaje y asegurarte de que tengas una experiencia memorable.

La planificación y la investigación puede resultar una tarea ardua, pero también forma parte de tu viaje. La clave es mentalizarse para empezar a disfrutar desde ese mismo momento.

Aquí hay algunos consejos para planificar tu viaje low cost:

Definí tus objetivos:

Antes de comenzar a planificar, es importante tener claro qué es lo que querés lograr con tu viaje. ¿Querés descubrir una nueva cultura? ¿Relajarte en la playa? ¿Experimentar la vida nocturna? Teniendo claro tus objetivos, será más fácil elegir el destino adecuado y planificar un viaje que se ajuste a tus gustos y necesidades.

Investigá tus opciones:

Una vez que sepas adonde querés ir, es hora de investigar tus opciones. Utilizá sitios web, guías de viajes, blogs y recomendaciones de amigos para obtener información sobre los costos, las actividades, la cultura y los lugares para comer y dormir en el destino de tu elección.

Establecé un presupuesto:

Definir un presupuesto te ayudará a mantenerte enfocado y a evitar gastos innecesarios.

Busca ofertas:

Hay muchas formas de ahorrar dinero en un viaje low cost, como aprovechar ofertas de vuelos, paquetes de vacaciones y promociones de alojamiento. Suscribite a newsletters de viajes, seguí a tus aerolíneas y hoteles favoritos en las redes sociales y compará precios en diferentes sitios web de reservas para asegurarte de estar al tanto de las mejores ofertas.

Considerá la época del año:

El precio de los vuelos, el alojamiento y las actividades puede variar dependiendo de la época del año. Viajar en temporada baja o fuera de las fechas más turísticas puede resultar en ahorros significativos, además de encontrar las atracciones con menos gente.

Elegí alojamiento de manera inteligente:

Hay muchas opciones de alojamiento asequibles, desde hostels hasta alquileres de departamentos y casas. Compará los precios y leé reseñas antes de tomar una decisión para asegurarte de que estás recibiendo un buen valor por tu dinero.

Hacé tus propias comidas:

Cocinar tus propias comidas en lugar de comer en restaurantes puede ser una manera eficaz de ahorrar dinero en un viaje low cost. Depende de adonde vayas podés hasta considerar llevar contigo algunos alimentos básicos y utensilios de cocina, o buscá un alojamiento con cocina para poder cocinar tus propias comidas. Si decidís comer fuera, buscá lugares locales y económicos en lugar de restaurantes turísticos.

Evitá los gastos innecesarios:

Prestale atención a tus costos y evitá los gastos innecesarios, como compras impulsivas o excursiones caras. Llevá contigo una cantidad limitada de efectivo y usá tarjetas de crédito o débito para controlar tus gastos.

Aprovechá el transporte público:

En lugar de gastar plata en taxis o alquilar un auto, considerá utilizar el transporte público para moverte. Es una forma económica de explorar el destino y experimentar la cultura local.

Llevá un registro de tus gastos:

Mantener un registro pormenorizado te ayudará a tener una idea clara de cuánto estás gastando y a identificar áreas donde podés ahorrar dinero. Usá una aplicación o llevá contigo un pequeño libro de notas para registrar tus gastos diariamente.

Hay varias aplicaciones que te pueden ayudar a registrar tus gastos durante un viaje. Estas son algunas de las más populares:

- Trail Wallet: Es una aplicación de seguimiento de gastos diseñada específicamente para viajeros. Te permite llevar un registro de tus gastos diarios y visualizar tus gastos en un gráfico fácil de entender.
- Spendee: Te permite registrar tus gastos y llevar un seguimiento de tus finanzas durante tus viajes. Spendee también te permite categorizar tus gastos y crear presupuestos para tus viajes.
- Travel Budget: Es una aplicación de presupuesto de viajes que te permite llevar un seguimiento de tus gastos durante tus viajes. Te permite establecer un presupuesto y luego registrar tus gastos para asegurarte de no gastar más de lo que habías planeado.
- Expensify: Es una aplicación de seguimiento de gastos que te permite llevar un registro de tus gastos de viaje y crear informes de gastos para tus viajes de trabajo. Expensify también te permite escanear recibos y facturas para facilitar la gestión de tus gastos.

En resumen, cualquiera de estas aplicaciones puede ser una excelente opción para ayudarte a registrar tus gastos durante un viaje y mantener un control de tus finanzas.

Siguiendo estos consejos, podés planificar un viaje de bajo presupuesto que sea accesible, divertido y lleno de experiencias inolvidables.

3 Ahorrar en vuelos.

Los vuelos suelen ser uno de los mayores gastos en un viaje, pero también es una de las áreas donde se puede ahorrar dinero de manera significativa. Aquí hay algunos consejos para economizar en vuelos:

Reservar con anticipación:

Reservar tus vuelos con anticipación puede ahorrarte dinero, especialmente si viajas en temporada alta. Además, te dará la oportunidad de elegir los mejores asientos y horarios de vuelo.

Ser flexible con tus fechas:

Si sos flexible con tus fechas de viaje, podés ahorrar dinero al elegir vuelos con tarifas más económicas. Prueba a viajar durante la semana en lugar del fin de semana, o considera viajar en temporada baja.

Comparar precios:

Compará precios de diferentes aerolíneas y sitios web de reservas para encontrar la mejor oferta. Hay algunas aplicaciones y sitios web especializados en comparar precios de vuelos, así que asegúrate de investigar antes de hacer una reserva.

A veces hay que evitar los vuelos directos:

A menudo, los vuelos directos son más caros que aquellos con escalas. Sin embargo, un vuelo con muchas escalas largas puede resultar contraproducente. Cuando viajás debes considerar el tiempo como un bien valioso. Tardar demasiado para llegar a destino te hará perder tiempo de vacaciones, te hará gastar dinero en comida y bebida en los aeropuertos (lo que generalmente es caro) y puede resultar incómodo. Debes sopesar muy bien el ahorro en el pasaje vs los gastos y las incomodidades que te pueden esperar en las escalas.

No te fijes en una aerolínea en particular:

A veces, la aerolínea más barata puede no ser la más conocida o la más grande, por lo que es importante comparar precios y considerar todas tus opciones antes de hacer una reserva.

Considerá conectarte a través de una VPN

VPN es la sigla en inglés de Virtual Private Network, que se traduce al español como Red Privada Virtual. Se trata de una tecnología que permite crear una conexión segura y encriptada a Internet, lo que permite a los usuarios navegar por la web de forma privada y segura.

Las VPN funcionan cifrando los datos que se transmiten entre el dispositivo del usuario y el servidor de la VPN. De esta forma, la información se protege de posibles intercepciones. Además, las VPN permiten ocultar la dirección IP real del usuario y simular que se encuentra en otra ubicación geográfica, y esto es lo que nos puede resultar útil a la hora de conseguir pasajes más baratos.

Conectarse a través de una VPN es fácil y no requiere conocimientos técnicos especializados. Cualquier persona con un poco de habilidad para usar una computadora o un dispositivo móvil puede hacerlo fácilmente. Muchas empresas ofrecen aplicaciones fáciles de usar para dispositivos móviles y computadoras que automatizan el proceso de conexión y hacen que sea muy sencillo para los usuarios.

Para conectarse a una VPN, simplemente hay que seguir estos pasos:

- Descargar e instalar la aplicación de la VPN en el dispositivo que deseas usar.
- Iniciar sesión en la aplicación con tus credenciales de usuario.
- Seleccionar un servidor o ubicación desde la que deseas conectarte.
- Hacer clic en el botón de conexión y esperar a que se establezca la conexión.

Una vez que estás conectado a la VPN, todas tus actividades en línea estarán protegidas por la encriptación y se transmitirán a través de la conexión segura de la red privada virtual.

Algunas aerolíneas o sitios web de viajes ofrecen precios diferentes dependiendo de la ubicación geográfica desde la que se accede a ellos. Al utilizar una VPN, podés simular que te estás en un país diferente y comparar los precios que se muestran en diferentes regiones.

Algunos sitios web de viajes utilizan cookies para rastrear tus búsquedas y ajustar los precios en consecuencia. Cuantas más veces hagas una búsqueda determinada, el sitio entiende que estás muy interesado y en consecuencia aumenta los precios. Al utilizar una VPN podés evitar también este fenómeno.

Utilizá puntos de viajero frecuente:

Aunque no viajes en forma habitual tenés que unirte a un programa de viajero frecuente para acumular millas y obtener descuentos en vuelos y otros servicios. En definitiva, es gratis, y lo peor que podría pasar es que las millas acumuladas no te alcancen para ningún premio. Por eso antes de comprar cualquier pasaje asegúrate de anotarte en alguno de estos programas.

Los programas de viajero frecuente agrupan a las aerolineas en 3 alianzas. Para tener todas las bases cubiertas elegí un programa perteneciente a cada alianza, para no perder jamás una milla volada.

Es importante que no te unas a programas de distintas aerolíneas que pertenezcan a la misma alianza, ya que dispersarás tus millas. Tené en cuenta que no se pueden transferir millas de una aerolínea a otra, aunque sean de la misma alianza.

También debés tener en cuenta que, en la mayoría de los programas de viajero frecuente, **las millas vencen** al cabo de cierto tiempo y para conservarlas hay que acumularlas o usarlas. Algunos programas tienen millas sin fecha de vencimiento, aunque son las menos. Algunos programas permiten también sumar millas por reservas en hoteles, alguiler de autos y otras actividades turísticas. Otras tienen también tarjetas de crédito asociadas, que te permitirán sumar puntos también en tus compras habituales. Fijate que bancos de tu país ofrecen tarjetas con programas de millas.

La mayoría de los programas también permiten comprar millas que casi siempre permiten canjear pasajes a precios inferiores a los de una compra normal.

Tips:

- Llevar registro de las millas acumuladas en los distintos programas con sus respectivas fechas de vencimiento.
- Luego de un vuelo revisar si se nos han computado las millas voladas. Es importante proporcionar el número de viajero frecuente antes de volar (al comprar el pasaje y si no, al embarcar). Conservar siempre la tarjeta de embarque para reclamar millas que no hayan sido computadas.
- Unite a un programa de cada alianza, para poder acumular millas siempre. No te unas a distintos programas de areolíneas de la misma alianza.

Siguiendo estos consejos, podés ahorrar dinero en tus vuelos sin sacrificar la calidad de tu viaje.

Sitios web o aplicaciones sirven para comparar precios de vuelos.

Hay muchos sitios web y aplicaciones que podés usár para esta tarea:

- Skyscanner
- Kayak
- Google Flights
- Expedia
- CheapOair
- Orbitz
- Travelocity
- Momondo
- Hopper
- Cheapflights

Estos sitios web y aplicaciones sirven para comparar precios de vuelos de diferentes aerolíneas y sitios web de reservas, y te ayudan a encontrar la mejor oferta para tus necesidades. Asegurate de leer las reseñas y comparar varios sitios antes de hacer una reserva, para elegir tu major opción.

Alianzas de compañías aéreas: el corazón de la estrategia para ganar millas.

Hay varias alianzas de aerolíneas que permiten a los viajeros acumular y canjear millas en diferentes compañías aéreas. Las tres alianzas principales son:

- Star Alliance
- Oneworld
- SkyTeam

Estas alianzas te permiten viajar en distintas compañías aéreas y acumular millas en un programa de viajero frecuente, lo que puede darte acceso a un upgrade de cabina, entre otros benefcios, descuentos y recompensas. Sin embargo, es importante tener en cuenta que cada programa de viajero frecuente tiene sus propias reglas y requisitos, por lo que es importante revisar con detenimiento antes de elegir el que más conviene.

Star Alliance es una alianza de compañías aéreas que incluye a las siguientes aerolíneas:

- Adria Airways
- Aegean Airlines
- Air Canada
- Air China
- Air India
- Air New Zealand
- ANA (All Nippon Airways)
- Asiana Airlines
- Austrian Airlines
- Avianca
- Brussels Airlines
- Copa Airlines
- Croatia Airlines
- Egyptair
- Ethiopian Airlines

- EVA Air
- Lufthansa
- Scandinavian Airlines (SAS)
- Shenzhen Airlines
- Singapore Airlines
- South African Airways
- Swiss International Air Lines
- TAP Air Portugal
- THAI Airways
- Turkish Airlines

Esta lista puede cambiar con el tiempo, ya que las alianzas de compañías aéreas a menudo se expanden o contraen. Sin embargo, en general, estas son las aerolíneas que actualmente están incluidas en Star Alliance.

Alianza Oneworld

Está compuesta por las siguientes aerolíneas:

- American Airlines
- British Airways
- Cathay Pacific
- Finnair
- Iberia
- Japan Airlines
- LATAM Airlines Group
- Malaysia Airlines
- Qantas
- Qatar Airways
- Royal Air Maroc
- Royal Jordanian Airlines
- S7 Airlines

- SriLankan Airlines.

Estas aerolíneas colaboran entre sí para ofrecer a sus clientes una amplia red de destinos, opciones de conexión y programas de viajero frecuente complementarios.

Alianza SkyTeam.

La alianza SkyTeam está compuesta por las siguientes aerolíneas:

- Aeroflot
- Aerolíneas Argentinas
- Aeroméxico
- Air Europa
- Air France
- Alitalia
- China Eastern Airlines
- China Southern Airlines
- Czech Airlines
- Delta Air Lines
- Garuda Indonesia
- Kenya Airways
- KLM Royal Dutch Airlines
- Korean Air
- Middle East Airlines
- Saudia
- TAROM
- Vietnam Airlines
- XiamenAi

Cómo ahorrar dinero mientras estás en el aeropuerto:

Llevar comida:

En lugar de comprar comida en el aeropuerto, considerá llevar tu propia comida para evitar precios elevados. Un sandwich o un snck compado fuera del aeropuerto pueden ahorrarte mucho dinero.

Evitar compras impulsivas:

Las tiendas en los aeropuertos a menudo venden productos a precios premium, por lo que es importante evitar hacer compras impulsivas y solo comprar lo que realmente necesitás.

Si bien hay que evitar las compras impulsivas, no está nada mal aprovechar las ventajas del free shop. Al tratarse de tiendas libres de impuestos, puede haber algunos artículos de precios convenientes. Pero antes de comprar buscá en internet si los mismos productos están más baratos en el free shop de destino o quizá en los locales habituales de tu propio país. Tradicionalmente en los free shop, por cuestiones cambiarias, puede haber una gran dispersion de precios: productos muy convenientes y otros no tanto. Otro punto que hay que revisar es si ese free shop en particular tiene desarrollada alguna aplicación. Muchas veces hay ventajas o descuentos si uno tiene la aplicación bajada en su teléfono o si se anotó en la lista de correos. Si hace una compra, consúltele al vendedor si viene cona algún obsequio adicional. Muchas marcas de cosméticos o perfumes regalan pequeñas muestras a los compradores. Muchas veces es simplemente cuestión de preguntar.

Usar agua gratuita:

Muchos aeropuertos ofrecen fuentes de agua gratuitas, por lo que es una buena idea llevar una botella reutilizable para rellenar en lugar de comprar botellas de agua descartables. Además, ante la prohibición de pasar los controles de seguridad con líquidos, se puede pasar con la botella vacía y recargarla luego, antes de subir al avión.

Usar tarjetas de descuento:

Si tenés una tarjeta de descuento para aeropuertos, asegúrate de usarla para obtener descuentos en compras, comida y servicios en la terminal aerea.

Buscar ofertas y promociones:

Antes de viajar, investigá las ofertas y promociones disponibles en el aeropuerto, como descuentos en alquiler de autos, happy hours de bebidas o en servicios de masaje. Muchs veces te sorprenderás.

Usar aplicaciones de viajes:

Descargá aplicaciones de viajes que te permitan comparar precios en tiendas y restaurantes dentro del aeropuerto.

Evitar cambiar dinero en el aeropuerto:

Los cambios de moneda en los aeropuertos suelen tener tasas de cambio peores, por lo que es mejor cambiar dinero antes de viajar, directamente en la ciudad de destino o usar tarjetas de crédito internacionales en el extranjero. Si podés, asegurate de llevar algunos billetes de baja denominación para las propinas iniciales.

4 Encontrar alojamiento barato.

El alojamiento es otro gasto importante en un viaje, pero afortunadamente, hay muchas maneras de encontrar alojamiento barato. Aquí hay algunos consejos para ayudarte a ahorrar dinero en tu próximo viaje:

Alojamiento compartido: Considerá alojarte en una habitación compartida o en un apartamento compartido con otras personas. Esto puede ser una manera económica de tener un lugar donde alojarse y conocer a otros viajeros.

Alojamiento alternativo: Considerá opciones de alojamiento alternativo, como los albergues, las casas de huéspedes o los bed and breakfast. Estos tipos de alojamiento suelen ser más económicos que los hoteles.

Reservar con anticipación: Reservar con anticipación puede ahorrarte dinero, especialmente en temporada alta. Además, te dará la oportunidad de elegir el mejor alojamiento para tus necesidades.

Utilizá promociones y cupones: A menudo, hay promociones y cupones disponibles en línea para alojamiento, por lo que es importante investigar antes de hacer una reserva.

Evitá las zonas demasiado turísticas: Considera alojarte en zonas menos centrales para ahorrar dinero. Estas zonas suelen tener precios más bajos y pueden ser una forma de experimentar la verdadera cultura del lugar que visitas. De todas maneras, si tu alojamiento se encuentra demasiado lejos de las atracciones a visitar, deberás calcular con cuidado el costo extra de transporte y tiempo que tendrás al alojarte en zonas más lejanas.

Utilizá aplicaciones de reservas de alojamiento: Hay muchas aplicaciones y sitios web que te permiten comparar precios y encontrar alojamiento barato.

Algunas de las más populares son Trivago, HotelsCombined y Google Hotel Search. Todas permiten buscar y comparar precios de hoteles en distintas aplicaciones de reservas de hoteles, como Booking.com, Expedia, Hotels.com, Agoda y más.

Es importante tener en cuenta que los precios y disponibilidad de los hoteles pueden variar en función de la aplicación que uses para hacer la reserva, por lo que es recomendable comparar varias aplicaciones antes de tomar una decisión.

Si estás buscando una manera aún más efectiva de obtener tarifas de hoteles más bajas, te recomendamos considerar las aplicaciones de "mystery hotel" u "hotel secreto". Estos sitios te permiten realizar la reserva de un hotel sin conocer su nombre exacto hasta que se realiza el pago. Algunas de las aplicaciones más populares en este tipo de contratación incluyen a Hotwire, Secret Escapes y Lastminute.com.

Es importante tener en cuenta que, si bien tienen mejores tarifas que las tradicionales, también pueden tener limitaciones en cuanto a la ubicación y el nivel de confort de la habitación contratada. Por lo tanto, es importante leer detenidamente los términos y condiciones antes de hacer una reserva.

Siguiendo estos consejos, podés encontrar alojamiento barato sin sacrificar la comodidad y la calidad de tu viaje.

A continuación, encontrarás un comparativo entre alojarse en un hotel y alojarse en un departamento de Airbnb.

Hoteles:

Pros:

- Comodidad y conveniencia: los hoteles suelen ofrecer servicios y comodidades como recepción 24 horas, desayuno incluido, servicio de habitaciones y piscinas.
- Seguridad: los hoteles suelen ser más seguros que los departamentos de Airbnb, especialmente si estás viajando solo.
- Limpieza y mantenimiento: los hoteles contratan personal para mantener las habitaciones y áreas comunes limpias y en buen estado.
- Ubicación céntrica: muchos hoteles están ubicados en zonas turísticas y céntricas, lo que los hace más fáciles de encontrar y acceder.

Contras:

- Precios más altos: los hoteles suelen ser más costosos que los departamentos de Airbnb, especialmente si estás buscando una estadía prolongada.
- Menos espacio y privacidad: las habitaciones de hotel son a menudo más pequeñas y pueden tener menos privacidad que los departamentos de Airbnb.

- Restricciones: los hoteles suelen tener restricciones en cuanto a la hora de check-in y el check-out, y pueden tener cargos adicionales por llegar antes de lo previsto o dejar la habitación más allá del horario indicado (late checkout). También podría tener cargos adicionales el uso de la piscina o del spa.

Departamentos de Airbnb:

Pros:

- Precios más bajos: los departamentos de Airbnb suelen ser más económicos que los hoteles, especialmente si estás buscando una estadía prolongada.
- Espacio y privacidad: los departamentos de Airbnb suelen tener más espacio y privacidad que las habitaciones de hotel, lo que los hace ideales para familias o grupos de amigos.
- Cocina y áreas comunes: muchos departamentos de Airbnb tienen cocina y áreas comunes, lo que los hace ideales para aquellos que quieran cocinar o socializar.
- Experiencia local: los departamentos de Airbnb suelen estar ubicados en zonas más locales y auténticas, lo que puede dar una experiencia más auténtica y local de la ciudad que visitas.

Contras:

- Menos servicios y comodidades: los departamentos de Airbnb pueden tener menos servicios y comodidades que los hoteles, como recepción 24 horas o desayuno incluido.
- Limpieza y mantenimiento: aunque los departamentos de Airbnb están limpios al momento de tu llegada, puede que no haya personal de limpieza durante tu estadía.

Intercambio de viviendas con propósitos turísticos

El intercambio de viviendas para fines turísticos es una forma popular de viajar que permite a los viajeros experimentar la vida local de una manera más auténtica y asequible. La idea detrás de esta modalidad de alojamiento es que dos familias o individuos se intercambien sus hogares por un período determinado, mientras están de viaje. Esto significa que podés alojarte en una casa o apartamento en otro país sin tener que pagar por un hotel o alojamiento tradicional, lo que puede ser un ahorro significativo en tus gastos de viaje.

Además, el intercambio de viviendas te brinda la oportunidad de vivir como un local y experimentar la cultura y las tradiciones de un lugar de una manera más profunda. Podés acceder a comodidades y servicios que no están disponibles en un hotel, como una cocina completa, una lavadora y secadora, y un jardín o terraza. También podés conocer a los habitantes del lugar y aprender sobre sus costumbres y estilos de vida.

Sin embargo, es importante tener en cuenta que el intercambio de viviendas no es para todos. Al alojarte en una casa que no es tuya, debes ser respetuoso y cuidadoso con las cosas de los demás. También debes estar dispuesto a compartir tu hogar con otras personas, lo que puede ser una experiencia desafiante para algunos.

En resumen, el intercambio de viviendas para fines turísticos puede ser una opción económica y enriquecedora para aquellos que están dispuestos a

El intercambio de viviendas para fines turísticos se está volviendo cada vez más popular en todo el mundo. La idea es que dos personas intercambien sus casas por un período de tiempo específico. Esto puede ser una forma económica y cómoda de viajar, ya que no solo te ahorra en gastos de alojamiento, sino que también te permite experimentar la vida en una nueva ciudad como un local.

Hay muchas plataformas en línea que facilitan el intercambio de viviendas. La mayoría de estas plataformas requieren que los usuarios registren sus casas y proporcionen información sobre su ubicación, tamaño, instalaciones y disponibilidad. Luego, los usuarios pueden buscar otros hogares que les interesen y contactar a sus propietarios para negociar los detalles del intercambio.

Hay algunos pros y contras que debés considerar al elegir el intercambio de viviendas como opción de alojamiento para tus viajes. Entre los pros está que podés ahorrar una gran cantidad de dinero en comparación con los precios de los hoteles, además de tener más espacio y privacidad que en un hotel. Además, podés experimentar la vida en una nueva ciudad desde una perspectiva local, lo que puede ser muy enriquecedor.

Por otro lado, entre los contras está que no tienes la misma seguridad y garantía que con un hotel. Es posible que la casa que intercambies no esté en las mismas condiciones en las que la describió el propietario, o que el propietario no haya sido completamente sincero en su descripción. Además, puede ser difícil encontrar una casa disponible en el momento y en la ubicación que deseas.

En resumen, el intercambio de viviendas puede ser una opción interesante y económica para aquellos que buscan una experiencia más auténtica en sus viajes. Sin embargo, es importante investigar y considerar cuidadosamente los pros y contras antes de decidir si es la mejor opción para vos.

Hay varios sitios web y plataformas en línea que ofrecen intercambio de viviendas con fines turísticos. Algunos de los más populares incluyen:

- HomeExchange: una de las plataformas de intercambio de viviendas más grandes y con más tiempo en el mercado, que ofrece opciones en todo el mundo.

- Love Home Swap: una plataforma especializada en intercambios de viviendas de lujo.
- Intervac Home Exchange: una plataforma de intercambio de viviendas con una amplia base de usuarios en todo el mundo.
- GuesttoGuest: una plataforma en línea que ofrece una amplia selección de viviendas en todo el mundo, con un enfoque en la facilidad de uso y la seguridad de las transacciones.
- HomeLink: una plataforma de intercambio de viviendas con una amplia base de usuarios en todo el mundo, y un enfoque en la calidad y la seguridad.

Estos son solo algunos ejemplos, pero hay muchas más plataformas de intercambio de viviendas disponibles en línea que podés explorar. ¡Es importante investigar y comparar varias opciones antes de tomar una decisión!

5 Cómo ahorrar en comida y bebida.

Comer y beber es una parte fundamental de cualquier viaje, pero puede ser costoso si no se planifica adecuadamente. Aquí hay algunos consejos para ahorrar dinero en comida y bebida durante tus viajes low cost:

Comer en lugares locales: En lugar de comer en restaurantes turísticos, tratá de buscar lugares donde los coman los lugareños. Estos lugares suelen ofrecer comida más auténtica y a precios más accesibles. Además, estará más alejado de las típicas trampas para turistas.

Muchos lugares tienen excelentes opciones locales de comida callejera. Carritos o food trucks de hotdogs (panchos), kebab, choripanes, burritos, pizza son opciones baratas y de sabor local que hay que probar.

Comprar comida en almacenes o supermercados: En lugar de comer en restaurantes todas las comidas, considerá comprar en tiendas de comestibles y cocinar algunas de tus comidas en el alojamiento. Esto puede ser una forma económica de tener comidas saludables y personalizadas durante tu viaje. Algunos destinos tienen también ferias callejeras con frutas y verduras de estación algunos días de la semana. Averiguá los días, horarios y ubicaciones de estas ferias que normalmente tienen mejores precios y alimentos más frescos que los locales comerciales.

Evitá bebidas costosas: Las bebidas alcohólicas en los restaurantes y bares suelen ser muy caras. El agua de grifo (de la canilla) es una buena opción en los países que tienen agua segura. Tratá de limitar tus bebidas a agua o bebidas económicas como cervezas locales en lugar de bebidas con alcohol que en muchos lugares tienen altos impuestos. En algunos países como EEUU la mayoría de los restaurantes tienen el sistema de refill para recargar tu vaso de gaseosa sin pagar nuevamente.

Un buen truco es pedir que te sirvan las bebidas gaseosas sin hielo, ya que el vaso tendrá más bebida y no se pondrá aguada. Si querés hielo, pedilo aparte.

Aprovechar ofertas: A menudo, los restaurantes ofrecen ofertas especiales durante ciertos días de la semana o a ciertas horas del día (happy hour). Asegurate de investigar estas ofertas y aprovecharlas para ahorrar dinero en comida y bebida.

Averiguá si hay un menú del día o un menú de precio fijo. Muchos países obiligan a los restaurantes a tener una opción de primer plato, plato principal, postre y bebida por un monto que es inferior a la compra de cada plato por separado.

Llevá una botella reutilizable: Llevar una botella reutilizable con agua puede ayudarte a ahorrar dinero en bebidas durante el día. Dependiendo de la ciudad en la que te encuentres, podrás recargarla en dispensers y/o bebederos públicos de plazas y parques. Además, es una forma más sostenible de tomar agua.

Si viajás en pareja, en familia o en grupo también podés comprar una botella grande de agua mineral en el supermercado y dividirla entre todos en las botellas reutilizables individuales.

Siguiendo estos consejos, podés disfrutar de comidas y bebidas deliciosas durante tus viajes low cost sin gastar demasiado.

6 Transporte económico en los destinos.

El transporte es un gasto importante durante cualquier viaje, pero hay muchas formas de hacerlo más económico. Aquí hay algunos consejos para ahorrar dinero en transporte durante tus viajes low cost:

Usá transporte público: El transporte público es una forma económica de moverse por una ciudad. Investigua antes de tu viaje para saber cuáles son las tarifas, los horarios y las rutas del transporte público en tu destino.

Caminar o andar en bicicleta: Si tu destino es una ciudad pequeña o una zona turística, podés ahorrar dinero caminando o andando en bicicleta en lugar de tomar transporte. Muchas ciudades tienen sistemas de bicicletas gratuitas que pueden utilizarse durante determinados lapsos de tiempo.

Compartir taxis o vehículos con otras personas: Si necesitas tomar un taxi o un vehículo compartido, considera hacerlo con otras personas para reducir el costo por persona. Si utilizas un taxi averigua antes cuál es la forma en la que se determinará el precio del viaje: si es un reloj o taxímetro medido o si se debe pactar el precio previamente con el conductor. Es importante que esta averiguación la hagas antes y no después de subirte al vehículo.

Usá aplicaciones de transporte:

Hay aplicaciones de transporte disponibles en muchos destinos que te permiten comparar precios y reservar un servicio de manera conveniente. Averiguá cuáles existen la ciudad que estás visitando y tené instalada la aplicación en tu teléfono antes de viajar.

Evitá transporte privado: El transporte privado, como taxis y autos con conductor, suele ser más costoso que el transporte público o compartido. Tratá de evitar este tipo de transporte si querés ahorrar dinero.

En general, hay muchas formas de ahorrar plata en transporte durante tus viajes low cost. Lo más importante es investigar antes de tu viaje y elegir la opción que mejor se adapte a tus necesidades y presupuesto. Cada ciudad y cada país tiene sus particularidades, por eso el trabajo de investigación previo es fundamental.

¿Es seguro ir "a dedo" para ahorrar dinero en transporte durante un viaje?

Ir "a dedo" puede ser una forma económica de viajar, pero no es necesariamente seguro. Ir "a dedo" significa pedir un aventón o un lift a alguien que esté conduciendo en la misma dirección que vos.

Hay ciertos riesgos asociados con ir "a dedo", como el hecho de que no tenés control sobre el conductor ni sobre la seguridad del vehículo. Además, no tenés garantía de llegar a tu destino a tiempo o de manera segura. También es importante tener en cuenta las leyes y regulaciones locales, ya que en algunos países o regiones está prohibido o restringido pedir aventones.

En general, mi consejo es que pienses cuidadosamente antes de decidir ir "a dedo" durante un viaje. Si decidís hacerlo, investigá cuidadosamente y tomá medidas adicionales para garantizar tu seguridad, como viajar durante el día, ir acompañado o investigar sobre la persona que te está ofreciendo llevarte. Hay lugares en que esto es totalmente desaconsejable.

.

7 actividades gratuitas o de bajo costo.

Cuando se trata de viajar low cost, muchas personas creen que tienen que sacrificar la diversión y las actividades interesantes. Sin embargo, eso no es necesariamente cierto. Hay muchas actividades gratuitas o de bajo costo que podés disfrutar durante tus viajes.

A continuación, se presentan algunas sugerencias para encontrar actividades económicas en tu destino:

Visitá los parques y jardines públicos: Muchos destinos turísticos tienen hermosos parques y jardines públicos que son perfectos para dar un paseo, relajarse o disfrutar de un picnic.

Explorá los barrios locales: Caminar por los barrios locales es una forma gratuita de conocer la cultura y la vida cotidiana de una ciudad. En lugares grandes con buen transporte público puede ser buena idea tomarse un omnibus de punta a punta de la ciudad.

Participá en actividades culturales gratuitas: Muchas ciudades ofrecen eventos culturales gratuitos, como conciertos en parques, festivales y exhibiciones de arte.

Tours gratis: En ciudades importantes hay guías turísticos gratuitos de circuitos a pie que trabajan por la propina. Normalmente son excelentes ya que dependen de sus conocimientos y de su gracia para ganarse la propina.

Visitá museos y galerías de arte gratuitos: Muchos museos y galerías ofrecen días gratuitos u horas limitadas con precios reducidos. Algunos también ofrecen descuentos o son directamente gratis para estudiantes, militares o personas con discapacidad. Si alguno de estos es tu caso, asegurate de llevar los carnets o certificados que acrediten tu condición.

Hacé senderismo o paseos por la naturaleza: Si te encanta estar al aire libre, podés encontrar senderos o paseos en el exterior en la mayoría de los destinos turísticos.

Participá en actividades deportivas al aire libre: Como jugar al frisbee, correr o practicar yoga en un parque.

Tomá clases gratuitas o talleres: Muchas ciudades ofrecen clases gratuitas o talleres de arte, música o danza.

Participá en eventos locales o ferias: Muchas ciudades tienen ferias o eventos locales gratuitos, como mercados, fiestas callejeras o ferias de artesanías.

Recordá que, aunque algunas de estas actividades pueden ser gratuitas, es importante tener en cuenta las propinas y los gastos adicionales, como la comida y la bebida. Pero con un poco de planificación, podés disfrutar de un viaje barato lleno de actividades interesantes y divertidas.

8 Consejos para evitar gastos innecesarios.

Uno de los mayores desafíos de viajar de forma low cost es asegurarse de no gastar más de lo necesario. Aquí hay algunos consejos para ayudarte a evitar gastos innecesarios en tus viajes:

Hacé un presupuesto detallado: Antes de comenzar a planificar tu viaje, hacé un presupuesto pormenorizado para asegurarte de que no gastes más de lo que podés permitirte. Incluí todos los gastos previsibles, como transporte, alojamiento, comida, bebida, actividades. Reservá también parte de tu presupuesto para imponderables.

No cedas a la tentación:

Durante tu viaje, es fácil caer en la tentación de gastar en cosas innecesarias, como souvenirs que luego nunca más vas a usar o comidas en restaurantes lujosos. Tratá de ser consciente de tus gastos y mantenerte dentro de tu presupuesto. Una buena idea es dividir el total de la plata que tenés para gastar por la cantidad de días que tendrá tu viaje. Saber cuánto dinero podés gastar por día te va a ayudar a mantenerte dentro de los límites previstos.

Evitá los tours paquete:

Este tipo de tours suelen ser más caros que hacer un viaje por tu cuenta. Además, te limitan a un itinerario preestablecido y te impiden explorar por tu cuenta y descubrir cosas nuevas.

Usá el transporte público:

El transporte público es una forma económica y segura de desplazarte por una ciudad. Además, te permite experimentar la cultura local de una manera más auténtica.

En muchas ciudades, además del costo del boleto por viaje individual podés encontrar boletos que te permitirán viajar por un precio fijo durante uno o varios días completos. En algunos casos también hay tarifas familiars. Es importante que investigues tu ciudad de destino antes de llegar para poder aprovechar este tipo de tickets.

Comprá en mercados locales:

Los mercados locales suelen tener precios más bajos que los supermercados y las tiendas turísticas. Además, es una forma excelente de apoyar a los pequeños comerciantes locales y experimentar la cultura del lugar.

Recordá, viajar no tiene por qué ser costoso. Con un poco de planificación y autocontrol, podés tener un viaje inolvidable sin gastar una fortuna.

9 Estafas para turistas.

No hay peor forma para gastar de más que ser víctima de una estafa o un robo, por eso tuve ganas de incluir este capítulo en el libro. No fue escrito para asustarte sino para ayudarte a ser precavido y a estar alerta.

Los viajes pueden ser emocionantes y aventurados, pero también pueden ser peligrosos si uno no está preparado para las estafas comunes que suelen suceder en los destinos turísticos. Son momentos en los que estamos relajados y naturalmente bajamos los niveles de atención. Esto sumado al hecho de que no conocemos el lugar, las calles o las costumbres locales pueden convertirnos en blancos perfectos.

Aprovechándose de esto, muchos estafadores toman a los turistas desprevenidos. Por eso es importante estar atentos y ser conscientes de las estafas comunes que pueden encontrarse en casi todos los destinos turísticos, hasta en los más amigables y tranquilos.

Algunos ejemplos de estafas habituales:

Moneda falsa:

Uno de los engaños más comunes en los destinos turísticos es la moneda falsa. Los estafadores suelen intercambiar billetes falsos mezclados con los auténticos, especialmente en el cambio de moneda, en los taxis o al comprarle a en vendedores ambulantes. Es importante verificar cuidadosamente la moneda antes de hacer un intercambio y buscar una casa de cambio de moneda confiable.

Recargos en los taxis:

Muchos taxistas aprovechan la ignorancia de los turistas sobre los precios o la forma en que se miden los precios de los viajes y les cobran tarifas exorbitantes. Es importante investigar antes de iniciar el viaje sobre los precios razonables para evitar ser víctima de este tipo de estafas.

Otro tipo de estafas a bordo de un taxi sin los "paseos". Un viaje a un punto cercano es alargado artificialmente por el chofer, aprovechándose del desconocimiento del pasajero. Para evitar este tipo de estafa se puede seguir el viaje en el teléfono particular con aplcaciones como Waze o Google Maps.

Estafas en los restaurantes:

Algunos restaurantes pueden presentar facturas falsas con precios inflados y cargos adicionales que los turistas no esperan. Es importante verificar cuidadosamente la factura antes de pagar y tener una idea clara de los precios de los alimentos y las bebidas en el restaurante.

Hay países en los que es común agregar como cargo adicional el precio del cubierto o del servicio de mesa, por ejemplo Argentina. En otros hay propinas obligatorias o a los precios se les agrega el impueto (tax) que no figura en los precios de la carta, como en EEUU. En otros países, como Alemania, muchos restaurantes cobran adicionalmente por cada pieza de pan que uno tomó de la panera. Si no querés que te cobren el pan, pedile al mozo que se lo lleve.

Esto, si bien no son estafas, pueden modificar sustancialmente el monto de la cuenta final a pagar. Avegiguá si existen estos cargos y de cuánto son antes de sentarte a la mesa.

Guías turísticos inescrupulosos:

Algunos guías turísticos pueden llevar a los turistas a tiendas donde casi los obligan a comprar productos porque reciben una comisión. Para poder pagar esa comisión muchos comercios "inflan" los precios reales de los productos. Es importante investigar antes del viaje sobre los guías turísticos confiables y evitar a aquellos que parezcan sospechosos.

Duplicación de tarjetas de crédito:

Algunos delincuentes aprovechan el pago con tarjeta de crédito en restaurantes y bares para duplicar el plástico y generar una tarjeta melliza u obtener los datos de la banda magnética para con eso hacer compras fraudulentas. Por eso es importante tener todo el tiempo la tarjeta de crédito a la vista. En bares y restaurantes, si existe la posibilidad, pedir que traigan el posnet a la mesa. También hay robo de información de las tarjetas sin contacto. Por eso es importante tener una billetera que tenga bloqueo de rfid.

Estafas de "encuentros fortuitos":

Los estafadores suelen abordar a los turistas en la calle y ofrecerles productos o servicios falsos, como joyas o tours gratuitos. Es importante ser escéptico y no caer en la trampa de un "encuentro fortuito".

En resumen, es importante estar alerta y ser consciente de las estafas comunes durante los viajes. Investigar antes del viaje y tener precaución al intercambiar monedas, tomar taxis, comer en restaurantes y participar en tours guiados puede ayudar a evitar ser víctimsa de una estafa. A mantenerse informado y ser cauteloso,

Al mantenerse informado y ser cauteloso, se puede disfrutar de un viaje sin preocupaciones y con mayor seguridad. Algunos consejos adicionales para evitar las estafas incluyen: no llevar grandes cantidades de dinero u objetos de valor contigo, no compartir información personal o financiera con extraños, y usar billeteras y bolsos con cerraduras. Si se sospecha de una estafa, es importante buscar ayuda de inmediato, ya sea de la policía local o de un representante de viajes confiable. Con un poco de precaución y conocimiento, los viajes pueden ser seguros y memorables para todos.

10 Cómo mantener el estilo durante los viajes de bajo presupuesto.

Un viaje low cost no significa que tengas que sacrificar el estilo y la comodidad. De hecho, hay muchas maneras de mantener tu nivel de vida mientras ahorrás dinero. Aquí hay algunos consejos para no perder tu estilo durante un viaje de bajo presupuesto:

Empacar con inteligencia: Asegurate de llevar solo lo necesario y algunas piezas versátiles que puedas combinar para crear diferentes conjuntos.

Aprovechar los servicios gratuitos: Muchos hoteles ofrecen servicios gratuitos como gimnasios, piscinas y lavanderías, que te permiten ahorrar dinero y mantenerte fresco y relajado.

Explorá el mercado local: Los mercados locales son una gran oportunidad para comprar comida y productos tradicionales a precios más accesibles, además de ser una forma de conectarte con la cultura del lugar que estás visitando.

Buscar alternativas de comida: En lugar de comer en restaurantes caros, considerá alternativas como picnics, comida en el mercado o en tiendas locales, o cocinar tus propias comidas.

Aprovechar las ofertas: Antes de tu viaje, investigá las ofertas en entretenimiento, comida y bebida, y actividades locales. A menudo, hay descuentos en entradas para museos y atracciones turísticas que podés aprovechar.

Con estos consejos, podrás mantener tu estilo durante un viaje low cost sin sacrificar la comodidad y el disfrute de tus vacaciones. Recordá, la clave es ser inteligente y planificar de antemano para asegurarte de aprovechar al máximo tu presupuesto y disfrutar al máximo de tu viaje.

ACERCA de la autora

Luciana Ferroti nació en Buenos Aires, Argentina en 1985. Desde joven, mostró una pasión por los libros y los viajes. En su tiempo libre, solía explorar la ciudad en busca de nuevos lugares interesantes y leer todos los libros turísticos que podía encontrar.

Después de graduarse de la universidad con un título en Literatura, Luciana comenzó a trabajar como periodista en una revista de viajes. Durante su tiempo allí, viajó por todo el mundo, escribiendo sobre sus experiencias y descubriendo nuevos destinos.

En 2010, Luciana decidió dejar su trabajo para convertirse en escritora freelance y dedicarse a escribir libros turísticos y de viajes.

Actualmente vive en Buenos Aires con su esposo y su hija, y sigue viajando y escribiendo sobre el arte y el placer de conocer el mundo.